मेरी कलम मेरी आवाज़

आमिन मसिह

ISBN 978-93-5458-889-1
© Amin Masih 2021
Published in India 2021 by Pencil

A brand of
One Point Six Technologies Pvt. Ltd.
123, Building J2, Shram Seva Premises,
Wadala Truck Terminal, Wadala (E)
Mumbai 400037, Maharashtra, INDIA
E connect@thepencilapp.com
W www.thepencilapp.com

Author biography

Born and raised in Durgapur, West Bengal, India, Amin Masih always dreamed of becoming a writer. He currently lives in Durgapur, West Bengal and works as an accounts executive.

Amin Masih started writing short stories in 2018 and wrote his first short story in Hindi in May 2018. He has written many short stories which are available on Amazon and Google play. He writes both in Hindi and English. Although he prefers to write only short stories and novels, he has written many poetries which can be read on YourQuote.

The author started writing poems in early June 2021. He wrote his first poem in English titled 'When I Say' on YourQuote and then went on writing poems in Hindi too.

Apart from YourQuote, he also writes on Wattpad.

The author is active on various social media platforms such as Facebook, Twitter and Instagram. You can visit his WordPress blog as well.

Blog: mraminmasih.wordpress.com

Email: aminmasih76@gmail.com

Twitter: @MrAlexBook

Instagram: @mr.alex.book

YourQuote: yourquote.in/aminmasih

CONTENTS

Preface

होश में आओ तुम.

किसी के झांसे में ना फंस जाओ तुम.

कब तक औरों की बात पर आपस में लड़ोगे?

कभी अपना भी दिमाग लगाओ तुम.

जिनके लिए तुम आपस में लड़ते हो.

क्या वे सच में तुम्हारे लिए लड़ते हैं?

जिनके लिए तुम मरते-मारते हो.

क्या वे कभी तुम्हारे लिए मरते हैं?

कभी किसी नेता को किसी,

गरीब के लिए लड़ते देखा है?

देखा भी होगा तो क्या कभी उन्हें,

किसी दंगे में मरते देखा है?

होश में आओ तुम क्योंकि,

जब भी होता है दंगा, आम आदमी मारा जाता है.

नफ़रत और खून-खराबे में हर बार,
तुम्हारे अंदर का इंसान मारा जाता है.

(इसी पुस्तक से)

Acknowledgements

I always dreamed of being a writer and with the publishing of this book, my dream has come true. Though this is not my first book, yet this book keeps a great place in my life as a writer. I have previously written many short stories and self-published them on KDP and Google Play as ebooks, but this one is a paperback. And for this, I'm grateful to "Pencil" which published my book in paperback. I also sincerely acknowledge the importance and help of "YourQuote" in writing poems. As I said before, I used to write only short stories, but I learned to write poems only after I started using YourQuote.

--- Amin Masih (Author)

Introduction

This is a collection of poems written by Amin Masih on various social and political issues. The book contains 60 poems. All the poems written in the book highlight the current social and political issues which are happening in the country. The book also highlights ongoing problems the country is facing, e.g. unemployment, price hike, Corona crisis, political tensions, border dispute, farmer's protests and so on. Although the book doesn't target any individual or political party, it raises these issues in a well manner. The author has avoided targeting anyone personally and just penned down the views and thoughts of his own in the book.

1. काम

बैठे-बैठे क्या करोगे?
कर लो कुछ काम.

काम करोगे तुम तभी तो,
दुनिया करेगी नाम.

पर उन लोगों का क्या,
जिनके पास ना अपना धंधा है और ना है कोई काम?

कभी वो अपराधी बनते,
तो कभी करते आतंकवादियों का काम.

जिस दिन बेरोजगारी मिटेगी,
उस दिन होगा सब के पास काम.

ना कोई आतंकवादी बनेगा,
ना करेगा कोई गैर-कानूनी काम.

देश अपना विकसित कहलाएगा,

क्योंकि सब के पास होगा पैसा, और होगा अपना काम.

देश अपना विकसित कहलाएगा,

क्योंकि सब के पास होगा पैसा, और होगा अपना काम.

2. मेरी क्या गलती थी

घर का बोझ उठाने निकली थी घर से,
इसमें मेरी क्या गलती थी?

सोचा था पापा का सहारा बनूँगी,
ऐसा सोचने में क्या गलती थी?

पढ़ाई छोड़ करने लगी जॉब कॉल सेंटर में,
इसमें मेरी क्या गलती थी?

रात में अकेली ऑफिस से घर आ रही थी,
उसमें मेरी क्या गलती थी?

सड़क सुनसान थी तो इसमें,
मेरी क्या गलती थी?

कपड़े तो मैंने पूरे बदन में पहन रखे थे,
पर उनकी गंदी नजर से ना बच पाई तो उसमें,
मेरी क्या गलती थी?

किया उन्होंने बलात्कार मेरा,
फिर मार दिया जान से.

मैं एक लड़की थी,
क्या यही मेरी गलती थी?

3. वीराने हैं लोग

वीराने हैं लोग, वीराना है मोहल्ला.

कभी महफ़िल जमती थी जहां हम दोस्तों की,
वो जगह अब सुनसान है.
जहां बच्चे खेलते थे बीच सड़क पर,
वो सड़क अब सुनसान है.

लोग डरते हैं अब अपने घरों से निकलने में,
क्योंकि अब मोहल्ला ही वीरान है.

अपने मोहल्ले को हमने ही सुनसान किया.
दंगे फैला कर खुद ही इस देश को बर्बाद किया.

अपने अब खुद के दुश्मन बन बैठे हैं.
हमारे पड़ोसी ही हमारे खून के प्यासे बन बैठे हैं.

हर तरफ़ अब मातम है क्योंकि अब,
वीराने हैं लोग, वीराना है मोहल्ला.

4. लड़ाई

कौन कहता है हमने सिर्फ़ चार-पाँच लड़ाइयाँ ही लड़ी हैं?

लड़ते तो हम रोज ही हैं.

कभी धर्म के नाम पर लड़ते हैं,

तो कभी भाषा के नाम पर लड़ते हैं.

कभी ज़मीन के लिए लड़ते हैं,

तो कभी प्रॉपर्टी के लिए लड़ते हैं.

हमारे जवान देश के लिए लड़ते हैं,

तो हम भी अपने राजनेताओं के लिए लड़ते हैं.

हमारे किसान कड़ी धूप और बारिश से लड़ते हैं,

तो हम भी पानी और एटीएम की लाइन में लड़ते हैं.

हमारे फ्रीडम फ़ाइटर्स देश के लिए लड़ते थे.

आजकल के नेता सत्ता और कुर्सी के लिए लड़ते हैं.

लड़ाई कल भी जारी थी,

लड़ाई आज भी जारी है.

फ़र्क सिर्फ़ इतना है,

हमारे जवान और किसान देश के लिए लड़ते हैं,

और हम ख़ुद के लिए लड़ते हैं.

5. ज़माना बदल गया है

ज़माना बदल गया है.

जो कभी दोस्त हुआ करते थे,
आज दुश्मन बन बैठे हैं.
क्योंकि ज़माना बदल गया है.

कभी साथ पढ़ने जाया करते थे स्कूल,
और साथ खेला करते थे क्रिकेट.
पर आज लड़ते हैं आपस में नेताओं के लिए,
क्योंकि ज़माना बदल गया है.

पहले जब कोई एक्सीडेंट होता था,
लोग दौड़ पड़ते थे मदद को.
पर आज इग्नोर करके निकल जाते हैं.
कुछ लोग तो वीडियो भी बनाने लग जाते हैं.
क्योंकि अब, ज़माना बदल गया है.

कभी होती थी बरसात वक़्त पे.

आज बेवक्त हुआ करती है.

शायद ये क्लाइमेट चेंज हो,

पर हमें तो लगता है, कुदरत भी बदल गया है.

कभी प्यार भी दो दिलों का मिलन हुआ करता था.

आज दो जिस्मों का मिलन बन गया है,

क्योंकि ये ज़माना ही बदल गया है.

6. गुज़र जाए ये ज़िंदगी तो मत पछताना

गुज़र जाए ये ज़िंदगी तो मत पछताना.
कल क्या हो ये किसने जाना?

कर लो आज जो करना है.
कल किसने देखा, किसने जाना है?
रह जाओगे पछताते बाद में ऐ बच्चे,
पढ़ लो आज जितना पढ़ना है.

हम भी कभी थे बेफिक्र.
नहीं करते थे कल की चिंता.
आज जब देखते हैं पीछे मुड़कर,
रोना आता है अपनी करतूत देख कर.

आज का काम कल पर मत छोड़ो.
हो सके तो आज निपटा लो.
जियो हर पल को पूरे मज़े में,
कल के भरोसे कुछ ना छोड़ो.

क्योंकि ये ज़िंदगी बहुत छोटी है.

तभी तो कह रहे हैं,

गुज़र जाए ये ज़िंदगी तो मत पछताना.

कल क्या हो ये किसने जाना?

7. छत

इस बारिश में मुझे कोई एक छत दे दो.

रहता हूँ खुले आसमां के नीचे,

और सोता हूँ फुटपाथ पर.

हो सके तो मुझे कोई एक घर दे दो.

गर्मी में जलता हूँ तेज़ धूप में.

ठंड में ठिठुरता हूँ सारी रात.

ऊपर वाला भी देख रहा है.

कोई तो मुझे एक छत दे दो.

एक बार मैंने अपना घर बनाया.

पर तेज़ आँधी ने उसे उड़ाया.

फिर मैंने एक छत बनाई.

दूसरे दिन जोर की बारिश आई.

पानी टपकने लगा पूरी छत से.

छत बनाना भी कुछ काम ना आया.

एक दिन पता नहीं कैसे खपरैल की छत पर आग लगी,
और मैं फिर से फुटपाथ पर आया।

अब सभी से बस यही गुजारिश है.
हो सके तो इस बारिश में मुझे कोई एक छत दे दो.
सोता हूँ फुटपाथ पर.
हो सके तो मुझे कोई एक घर दे दो.

8. डर लगता है मुझे अब

डर लगता है मुझे अब.

कहीं कोई अनहोनी ना हो जाए.

बढ़ रही गर्मी तेज़ी से,

और गल रहा है ग्लेशियर.

कहीं छोटे छोटे आइलैंड ना डूब जाए.

डर लगता है अब कुछ कहने से,

कहीं कोई मानहानि का केस ना हो जाए.

अब तो ट्विटर पर ट्वीट भी करना बंद कर दिया.

कहीं अकाउंट सस्पेंड ना हो जाए.

धरती का तो कर चुके कबाड़ा.

अब अंतरिक्ष को भी नहीं छोड़ रहे हमलोग.

देश गया अब भांड में.

ख़ुदा की भी परवाह नहीं कर रहे अब हमलोग.

किसान बैठे हैं धरने पर.

अनाज कौन उगाएगा?

जवान खा रहे सड़ा हुआ खाना.

देश का भविष्य कौन बचाएगा?

स्कूल-कॉलेज हो गए सब बंद.

स्टूडेंट्स का फ्यूचर कौन बचाएगा?

बच्चे बना रहे टकाटक और इंस्टाग्राम पे वीडियो,

देश का भविष्य अब कौन बन पाएगा?

डर लगता है मुझे अब.

कहीं कोई अनहोनी ना हो जाए.

कोरोना से तो लोग मर रहे,

कहीं अब तृतीय विश्व युद्ध भी ना हो जाए.

९. वो दिन कब आयेगा

वो दिन कब आयेगा?

जब सारा जहाँ मुस्कुराएगा.

बैठेंगे सभी देश साथ में,

आतंकवाद भी मिट जाएगा.

गरीबी मिटेगी दुनिया से.

हर कोई नौकरी पाएगा.

ना कोई आतंकवादी बनेगा,

ना कोई बेगुनाह मारा जाएगा.

ना कहीं बम ब्लास्ट होगा.

ना ही होगा एयर स्ट्राइक.

ना कोई देश सीजफायर का उल्लंघन करेगा.

ना सरहद पर कोई जवान मारा जाएगा.

वो दिन कब आयेगा?

जब सारा जहाँ मुस्कुराएगा.

बैठेंगे सभी देश साथ में,
आतंकवाद भी मिट जाएगा.

28

बैठेंगे सभी देश साथ में,
आतंकवाद भी मिट जाएगा.

10. अपना-अपना नज़रिया है

अपना-अपना नज़रिया है.

तुम सही, हम हैं गलत.

क्योंकि अपना-अपना नज़रिया है.

जो तुम्हें दिखते हैं बदमाश,

औरों को वो दिखते हैं अच्छे.

जो तुम्हें दिखते हैं अच्छे,

औरों को वो दिखते हैं बदमाश.

किसी की नज़र में हैं हम आवारा आशिक,

किसी की नज़र में हम सच्चे प्रेमी हैं.

किसी की नज़र में हम हैं बेवफ़ा,

किसी की नज़र में हम रोमियो हैं.

किसी की नज़र में हैं हम देशभक्त.

तुम्हारी नज़र में देशद्रोही हैं.

क्यों, ये ज़रा सोच कर देखो.
अपना-अपना नज़रिया है.

11. मतलबी दुनिया

ये दुनिया बड़ी मतलबी है.
मतलबी हैं यहाँ लोग.
उन्हें काम पड़े तो वे दौड़े आए.
हमें काम पड़े तो उन्हें रोग.

प्यार आजकल दिखावा बन गया.
कैसे करूँ किसी से प्यार?
धोखा मिलता है यहाँ प्यार में.
कैसे करूँ किसी से इज़हार.

रिश्ते-नाते सब दिखावा है,
दिखावटी हैं लोग.
पैसे के लिए बेटे बाप से लड़ते.
रिश्तों को भी अब लग चुका है रोग.

ये दुनिया बड़ी मतलबी है.
मतलबी हैं यहाँ लोग.

उन्हें काम पड़े तो वे दौड़े आए.
हमें काम पड़े तो उन्हें रोग.

12. कुर्सी

एक बार कुर्सी मिल जाने दो.
ज़िंदगी मज़े में कटाएंगे.
सिर्फ़ पाँच साल तो बैठना है कुर्सी पर.
ज़िंदगी भर पेंशन पाएंगे.

जब आएगा चुनाव तो,
ग़रीब के घर खाने जाएंगे.
सत्ता हाथ में आते ही,
उस ग़रीब को भी भूल जाएंगे.

दिन-रात करेंगे चुनाव प्रचार.
कोरोना को ठेंगा दिखाएंगे.
सत्ता हाथ में आते ही,
फ़िर से लॉकडाउन लगाएंगे.

जब जनता मांगेगी नौकरी तो,
हिन्दू-मुस्लिम करवाएंगे.

जनता को आपस में लड़वा कर,
साथ बैठ कर बिरियानी खाएंगे.

हम तो हैं राजनेता.
हमारा कोई धर्म नहीं.
जनता को धर्म के नाम पर लड़वाना,
हमारी नज़र में कोई अधर्म नहीं.

एक बार कुर्सी मिल जाने दो.
ज़िंदगी मज़े में कटाएंगे.
सिर्फ़ पाँच साल तो बैठना है कुर्सी पर.
ज़िंदगी भर पेंशन पाएंगे.

13. देख लिया हमने भी

देख लिया हमने भी,

अपनों को आजमा कर.

कोई नहीं है अपना यहाँ.

देख लो ये तुम भी आजमा कर.

देख लिया हमने भी,

सब की भलाई कर के.

कुछ नहीं मिलता यहाँ,

मन लगा कर पढ़ाई कर के.

देख लिया है हमने क़िस्मत को भी आजमा कर.

पैसे बरसाती ये सिर्फ़ अमीरों के यहाँ.

देख लिया हमने भी ये,

रोज-रोज लॉटरी कटा कर.

14. याद रखिएगा

याद रखिएगा, आज का दिन आपका है.

कल हमारा दिन भी आएगा.

आज हूँ गरीब और लाचार तो क्या?

कभी तो क़िस्मत मुझ पर भी रहम बरसाएगा.

याद रखिएगा, एक दिन ऐसा आएगा.

आज आप दूसरों को रोटी के लिए तरसा रहे,

कल क़िस्मत आपको भूख से तड़पाएगा.

मत कर ऐ बन्दे गुरूर इतना.

ख़ाक में मिल जाएगा.

मिट्टी का बना है तू एक दिन,

मिट्टी में ही मिल जाएगा.

15. अगर साथ तेरा हो ऐ ज़िंदगी

अगर साथ तेरा हो ऐ ज़िंदगी.

हम कुछ भी कर गुजर जाएंगे.

आज हमें कोई नहीं जानता तो क्या?

एक दिन फेमस हो जाएंगे.

तू सिर्फ़ मेरे साथ रहना.

बीच रास्ते में छोड़ ना जाना.

अगर कोरोना आए डराने.

उसके साथ डटकर लड़ना.

बीमारियाँ आए या आए वायरस कोरोना.

तुम बस मेरे साथ रहो न.

हम दोनों बेस्ट फ्रेंड बन जाएंगे.

फिर आगे के रास्ते साथ-साथ जाएंगे.

अगर साथ तेरा हो ऐ ज़िंदगी.

हम कुछ भी कर गुजर जाएंगे.

आज हमें कोई नहीं जानता तो क्या?
एक दिन फेमस हो जाएंगे.

16. इस गरीब का क्या होगा

मंहगाई बढ़ी, बेरोजगारी बढ़ी.

इस गरीब का क्या होगा?

अमीर और अमीर हो चले, गरीब और गरीब.

अब इस गरीब का क्या होगा?

अच्छा हुआ हमारे पास मोटरसाइकिल नहीं.

वरना तेल कहाँ से भराते?

कमाते जितना पूरे महीने.

सिर्फ़ तेल भराने में गंवाते.

अच्छा हुआ हमें खाने-पीने का शौक नहीं.

वरना रोज चिकन-मटन कहाँ से खाते?

अच्छा है हमें पिज्जा और बर्गर पसंद नहीं.

वरना ऑर्डर देकर कैसे मंगाते?

अपनी तो पुरानी साइकिल ही ठीक है.

बाइक की हमें जरूरत नहीं.

चाहो जितना चलाओ इसे,
पेट्रोल की इसे जरूरत नहीं.

अब है सिर्फ़ एक ही चिंता.
इस महंगाई में इस गरीब का क्या होगा?
इसी तरह बढ़ती रही महंगाई और बेरोजगारी तो,
हमारे हिन्दुस्तान का क्या होगा?

17. शराबी

हाँ, मैं तो हूँ शराबी.

रोज़ ही शराब पीता हूँ.

चाहे तो कह लो मुझे कुछ भी.

शराब पी कर भी मैं देश की सेवा करता हूँ.

तुम्हें पेट्रोल महँगा भले ही लगे.

हमें शराब कभी महँगी नहीं लगती.

इसलिए तो कहते हैं हम,

शराब खरीद कर मैं देश की अर्थव्यवस्था मज़बूत करता हूँ.

घर-परिवार गया भांड में.

देश हित में हम शराब पीते हैं.

आत्महत्या है एक अपराध इसलिए हम,

ज़हर ना पी कर शराब पीते हैं.

मरना तो है ही एक दिन पर,

मरते-मरते कुछ कर जाएंगे.

लोग भले ही हमें शराबी कहे.

देश हित में मेहनत की कमाई भी उड़ा जाएंगे.

18. दुनिया का रोना

इस दुनिया का बस यही रोना है.

कुछ पाना है तो कुछ खोना है.

पहले हमें लगता था सिर्फ़ हम ही दुःखी है.

फिर पता चला यहाँ तो हर किसी का रोना है.

किसी को प्यार चाहिए, तो किसी को चाहिए पैसा.

परेशान हैं लोग यहाँ.

चैन नहीं है किसी के पास.

पैसे की बारिश हो, करना होगा कुछ हमें भी ऐसा.

कोई है भूखा, कोई बेसहारा है.

कोई बेघर है, तो कोई आवारा है.

कोई निकल जाए हमसे आगे,

ये ना यहाँ किसी को गंवारा है.

इस दुनिया का बस यही रोना है.

कुछ पाना है तो कुछ खोना है.

चाहे जितना हँस लो आज.
कभी न कभी तो रोना है.

19. ज़रा महसूस करो

ज़रा महसूस करो, उनका रोना.

जिनका ना खाने को ठीक, ना ही नसीब में चैन से सोना.

ज़रा महसूस करो उनका दर्द,

जिन्हें हम काट कर खाते हैं.

चुभ जाए सुई भी ज़रा सा हमें तो,

मम्मी-मम्मी चिल्लाते हैं.

ज़रा महसूस करो उनकी परेशानियां,

जो हमें पाल कर बड़ा करते हैं.

ख़ुद तकलीफ़ और दुःख काट कर,

हमें अपने पैरों पर खड़ा करते हैं.

जिस दिन महसूस कर लोगे ये सब,

दिल से बलवान बन जाओगे.

ऐ मेरे दोस्त उस दिन तुम,

इंसान बन जाओगे.

20. चलो कुछ काम करते हैं

बातें बहुत हो चुकीं.

चलो अब काम करते हैं.

आराम बहुत कर लिया हमने.

चलो अब कुछ काम करते हैं.

चुप बहुत रह लिए.

चलो अब प्रतिवाद करते हैं.

अन्याय बहुत सह लिए.

चलो अब ख़ुद ही न्याय करते हैं.

मर रहे हैं जो लोग भूख और बीमारियों से,

उनके लिए कुछ काम करते हैं.

अरे कुछ नहीं कर सकते तो क्या?

ऊपर वाले से उनके लिए फ़रियाद करते हैं.

बातें बहुत हो चुकीं.

चलो अब काम करते हैं.

आराम बहुत कर लिया हमने.
चलो अब कुछ काम करते हैं.

21. हर हाल में

हर हाल में मुझे जीना है.

मरने में क्या रखा है?

भूल जाते हैं यहाँ लोग शहीदों को भी.

ख़ुदकुशी करने में क्या रखा है?

चाहे आए जितनी भी बाधाएं,

हर हाल में आगे बढ़ना है.

दुश्मन चाहे जितना भी जोर लगा ले.

मुझे नहीं अब रुकना है.

बढ़ते जाएंगे ये कदम अब.

जोर है तो रोक कर दिखाना.

कफ़न बाँध निकले हैं हम.

गलती से भी हमें हाथ ना लगाना.

22. जानवर

हाँ, हम हैं जानवर.

हमारा कोई नाम नहीं.

शेर, हाथी, कुत्ते, बकरी,

चाहे जो कह लो,

हमारा कोई अपमान नहीं.

हाँ, हम शेर हैं हत्यारें.

दूसरे जानवरों को मार कर खाते हैं.

क्योंकि मांस ही हमारा भोजन है.

पर तुम क्यों जानवरों को खाते हो?

हमें तो अनाज उगाना नहीं आता.

पर तुम तो इंसान हो.

हाँ, हम लड़ते हैं आपस में.

तभी तो हम जानवर कहलाते हैं.

पर तुम क्यों आपस में लड़ते हो?

क्या तुम सब सच में इंसान हो?

हाँ, हम हैं जानवर.

हमारी हैं बहुत सी जातियाँ.

क्योंकि भगवान ने हमें अलग बनाया है.

पर तुम में क्यों जातियों का भेद है?

तुम सब तो इंसान हो.

सच कहूँ तो हमें इस बात का,

सच में बहुत खेद है, सच में बहुत खेद है.

23. कब सुधरेगा तू ऐ इंसान

कब सुधरेगा तू ऐ इंसान?

धरती रही नहीं रहने लायक.

हवा में भी मिल चुका है ज़हर.

अब भी ना सुधरोगे तो,

कब सुधरेगा तू ऐ इंसान?

धरती का सत्यानाश करके अब तुम,

अंतरिक्ष में भी जा रहे.

एलियंस तो एक बहाना है.

मंगल पर भी तुम कॉलोनी बना रहे.

दुश्मन देश से लड़ने के नाम पर तुम,

परमाणु हथियार बना रहे.

परमाणु संपन्न देश हो कर भी तुम,

कोरोना को नहीं हरा पा रहे.

आज मास्क लगा कर घर से निकलते हो.

कल ऑक्सीजन सिलेंडर लगा कर निकलना होगा.
होगा जिस दिन फूड क्रैश और वॉटर क्रैश उस दिन,
बीच नदी में डूब मरना होगा.

24. वादा

वादा कोई मज़ाक़ नहीं है.

इसकी अहमियत को समझना चाहिए.

ठंडे-ठंडे पानी से नहाओ या ना नहाओ.

किए वायदे को हर हाल में निभाना चाहिए.

ये वादा कोई शब्द नहीं है.

इसकी एक अलग शान है.

तोड़ दिया अगर तुमने वादे को तो,

ये तुम्हारा नहीं उस वायदे का अपमान है.

ना पूरा कर सको वादे को तो,

लगता है सब कुछ वीराना.

इसलिए ऐ बन्दे तुम,

अपने वायदे को हर हाल में निभाना.

25. गरीब

हँसते तो सभी हैं,

कभी-कभी रोना मुझे अच्छा लगता है.

खाते तो सभी हैं,

कभी-कभी भूखा सोना मुझे अच्छा लगता है.

शौक नहीं है मुझे रोने का

और ना ही भूखा सोने का.

बस गरीब हूँ,

इसलिए ये सहना पड़ता है.

ना चाहते हुए भी मुझे,

फुटपाथ पे सोना पड़ता है.

26. पुरानी चीज़ें

सिर्फ़ सोचने से काम नहीं होता मेरे दोस्त.

कलम हाथ में उठा कर काग़ज़ पर लिखना भी पड़ता है.

कर लो तुम गुरूर जितना,

एक ना एक दिन ऊपर वाले के आगे झुकना ही पड़ता है.

ये और बात है कि आजकल ना कलम की जरूरत पड़ती है और

ना ही कागज की.

लोग फोन और लैपटॉप पर लिखते हैं.

पर अब भी कलम में वही ताक़त है दोस्त,

तभी तो लोग कागज के चेक पर कलम से लिखते हैं.

हो जाओ जितना भी मॉडर्न.

पुरानी चीज़ों की अपनी ही शान है.

ऊँची-ऊँची बिल्डिंग बना कर गाँव की बस्ती देख कर हँसना,

ये हमारी संस्कृति का अपमान है.

कर लो जितनी तरक्की, कर लो जितना विकास.

पुरानी चीज़ ही काम आएगी.

चाहे बना लो जितने नए दोस्त पर,

पुरानी दोस्ती ही काम आएगी.

27. नफ़रत और प्यार

नफ़रत से आप पूरी दुनिया को नहीं जीत सकते मेरे हुज़ूर.
दुनिया को सिर्फ़ प्यार से जीता जाता है.

और अगर किसी ने नफ़रत से दुनिया जीत भी ली तो,
कुछ दिनों में ही पूरा साम्राज्य तबाह हो जाता है.

इतिहास गवाह है ना जाने कितने आए और कितने गए.
कुछ ने दुनिया को जीता भी,
और कुछ ने दुनिया को डराया.
पर कितनों ने दुनिया को हमेशा के लिए,
अपने कब्जे में रख पाया?

इस दुनिया को जीतने से पहले तुम्हें,
लोगों का दिल जीतना होगा.
गोली और बम से नहीं मेरे हुज़ूर,
ये काम तो आपको अपने दिल से ही करना होगा.

28. नफ़रत का शैतान

जिस दिन दुनिया के सारे देश एक दूसरे से लड़ना छोड़ देंगे,

उस दिन हमें जन्नत जाने के लिए मरने तक का इंतजार नहीं

करना पड़ेगा.

ये दुनिया ख़ुद ही जन्नत बन जाएगी.

मानो या मानो पर,

एलियंस क्या, अप्सराएँ भी धरती पर,

फिर से सैर को आएंगी.

कभी ये धरती स्वर्ग ही थी.

हमने इसे नर्क बना दिया.

जहाँ कभी होते थे सुन्दर बगीचें और हरे-भरे पेड़,

वहाँ हमने आधुनिक शहर बसा दिया.

ज़मीन और देश के नाम पर हम एक-दूसरे से लड़ने लगे.

बम बरसा कर एक-दूसरे की धरती को बर्बाद करने लगे.

अब यहाँ सारा तेल और बिजनैस का खेला है.

मेरे दोस्त अब यहाँ सिर्फ़ और सिर्फ़ हथियारों का मेला है.

मिट जाएगी ये दुनिया एक दिन,

अगर ऐसा ही चलता रहा.

अगर हमारे अंदर इसी तरह,

नफ़रत का शैतान पलता रहा.

29. संविधान

हम क्या खाएंगे और क्या नहीं,

ये हमें बताने वाले आप कौन होते हो जनाब?

हम थोड़े कह रहे हैं कि आप भी हमारे साथ बैठ कर खाइए.

हम क्या खाएंगे और क्या नहीं,

ये हम ख़ुद तय करेंगे.

हम थोड़े कह रहे हैं कि,

रोज़-रोज़ आप भी मटन खाइए.

ये देश आजाद है, आजाद हैं लोग यहाँ.

ये शायद किसी को समझ में नहीं आता.

ना समझोगे तो ना समझो.

मेरा इसमें कुछ नहीं जाता.

जो उठा रहे सवाल हमारे खाने और पहनावे पर,

उन्हें पता नहीं कुछ देश के विधान का.

पता नहीं कैसे पहुँच गए ये संसद तक,
जिन्हें ज्ञान नहीं भारत के संविधान का?

30. मुर्गी

मुर्गियाँ सभी को पसंद हैं.

इंसान हमें बहुत प्यार करते हैं.

पर जनाब ये प्यार वो हमसे नहीं,

हमारे गोश्त से करते हैं.

कुत्ते की अगर जान जाए सड़क पर,

लोग गाड़ी चलाने वाले से लड़ जाते हैं.

उसी सड़क के बगल में किसी दुकान पर,

बकरे को काट कर वे बेच डालते हैं.

गर्भ में किसी इंसान के बच्चे को मारना अपराध है.

पर वो हमारे बच्चे को अंडे के अंदर ही मार डालते हैं.

अंडे में विटामिन और प्रोटीन होते हैं ये कह कर,

हमारे अंडों को रोज ही खा जाते हैं.

हम मुर्गियों को पैदा ही क्यों करते हो जब,

हमें मार कर खाना है?

अरे दर्द हमें भी होता है.
तुमको ये दिखाना है.

ख़ुद को कहते हो इंसान पर,
तुम्हारे अंदर छुपा एक शैतान है.
भले ही कहो ख़ुद को तुम पशु प्रेमी पर,
तुमसे बड़ा ना यहाँ कोई हैवान है.

31. ऐसा भी एक दिन आए

ऐसा भी एक दिन आए.

सारा जहाँ मुस्कुराए.

ना कोई भूखा सोए.

ना कोई बेकसूर मारा जाए.

हो एक ऐसी दुनिया जहाँ,

ना कोई बम बनाए.

ना करे कोई किसी का कत्ल.

ना कोई अपराधी बन पाए.

हो सब के दिल में प्यार और,

दिल हो सब का दरियादिल.

मदद करे सब जरूरतमंदों की,

ऐसा हो सब का दिल.

बस यही फ़रियाद है उपरवाले से,

ऐसा भी एक दिन आए.

सारा जहाँ मुस्कुराए.

ना कोई भूखा सोए.

ना कोई बेकसूर मारा जाए.

32. बेसहारा

मैं तो हूँ बेसहारा.

मेरा यहाँ ना कोई.

रहता हूँ अकेला खुले आसमान के नीचे.

मेरा ना यहाँ कोई सहारा.

एक वक़्त था जब मेरे पास थे बहुत सारे पैसे.

दोस्त भी आगे-पीछे घुमा करते थे मेरे.

एक वक़्त ऐसा भी आया,

जब बुरा वक़्त मेरा आया.

अपनों ने मुझे भुलाया.

बुलाने पर भी कोई दोस्त ना आया.

अब मैं तो हूँ बेसहारा.

मेरा यहाँ ना कोई.

रहता हूँ अकेला खुले आसमान के नीचे.

मेरा ना यहाँ कोई सहारा.

33. आलस

ओ आलस तुम कब जाओगे?

बच्चे बन गए सारे आलसी.

नहीं करते कोई भी काम.

पढ़ाई-लिखाई तो पहले से ही चौपट कर रखा है इस कोरोना ने.

ये बात नहीं है कोई आम.

स्टूडेंट्स देर रात तक जागते हैं.

पर पढ़ते नहीं सिर्फ़ खेलते हैं गेम.

नौजवान भी बनते जा रहे आलसी.

पर उन्हें भी नहीं है इस बात का कोई शेम.

ऐ बच्चे तू आलस छोड़.

कर थोड़ा बहुत घर का कुछ काम.

पढ़ाई भी कर लो वक्त रहते.

वरना नहीं मिलेगा कोई भी काम.

ऐ नौजवान तू भी उठ.

जा कुछ काम कर ले.

इस आलस के चक्कर में ना पड़ तू.

जा दुनिया में अपना नाम कर ले.

ओ आलस तुम कब जाओगे?

देख बच्चे और नौजवान भी समझ गए तेरी चाल.

चला जा जितनी जल्दी हो सके.

वरना वे खींच लेंगे तेरी सारी खाल.

34. अधूरा है सफ़र

अधूरी है ज़िंदगी, अधूरा है सफ़र.

अभी तो बहुत दूर है हमें चलना.

अधूरे हैं सपने, अधूरी है ख्वाहिश.

अभी तो बहुत कुछ है हमें करना.

ज़िंदगी तो अभी शुरू हुई है.

इसे यूँ ही ना बर्बाद करूँगा.

करूँगा कुछ भी जीने के लिए पर,

देश के दुश्मनों को ना आबाद करूँगा.

हैं मेरे सपने बड़े, सफ़र है अभी अधूरा.

अभी तो पूरी ज़िंदगी पड़ी है आगे.

कुछ भी कर जाऊँगा.

पर ना करूँगा किसी देशद्रोही का सपना पूरा.

अधूरी है ज़िंदगी, अधूरा है सफ़र.

अभी तो बहुत दूर है हमें चलना.

अधूरे हैं सपने, अधूरी है ख्वाहिश.
अभी तो बहुत कुछ है हमें करना.

35. नसीहत

दिल लगाकर काम करिए.

बेवजह किसी से ना लड़िए.

पैसे तो बाद में भी कमा लेंगे.

पैसे के लिए अपनों से ना लड़िए.

मेहनत का फल मीठा होता है.

थोड़ा तो धीरज रखिए.

आएंगे एक दिन अच्छे दिन.

ये बात आप दिमाग़ में रखिए.

बात-बात पर किसी को गाली क्यों देते हैं आप?

दूसरों की माँ-बहन की कुछ तो इज़्ज़त करिए.

क्यों छेड़ते हैं आप सड़क पर चलती लड़कियों को?

वे भी किसी की बेटी और बहन हैं,

ये बात दिमाग़ में हमेशा रखिए.

ना बनिए खुदगर्ज इतना,

की आपके अपने आपसे नफ़रत करने लगे.

तोड़ कर सारे रिश्तों को वे,

आपसे अलग चलने लगे.

36. ख़ुद में झाँक कर देखो

ख़ुद में झाँक कर देखा कभी?

अंदर से कितने गंदे हो तुम?

बाहर से भले ही जितना नहा लो,

अंदर से बहुत ही मैले हो तुम.

कोई अपना दर्द सुनाए,

तो दिखावे के लिए सुनते हो तुम.

जब वे चले जाते हैं तब,

पीठ पीछे हँसते हो तुम.

गरीब, लाचार और कमजोरों पर हँसते हो तुम.

पर ताक़तवर के आगे झुक जाते हो तुम.

कमजोरों और शरीफों को मारते हो तुम.

पर ताक़तवर के सामने क्यों रुक जाते हो तुम?

ख़ुद में झाँक कर देखो ज़रा.

कितने सिरफिरे हो तुम.

और कितना गिरोगे दोस्त?
पहले से ही इतने गिरे हुए हो तुम.

37. मेरी कलम मेरी आवाज़

मेरी कलम ही मेरे अल्फ़ाज़ हैं.

इसमें मेरी सोच और मेरे विचार हैं.

ना हो मेरे पास बंदूक और गोली फ़िर भी,

कलम ही मेरी तलवार है.

मेरी कलम ही मेरी आवाज़ है.

जो लिखता हूँ वो मेरे अल्फ़ाज़ हैं.

मेरे अल्फाजों का मतलब समझो जरा.

गालियाँ देने से पहले सोचो जरा.

जो सच है वही लिखता हूँ.

सही को सही और गलत को गलत कहता हूँ.

भले ही कोई कह ले मुझे देशद्रोही.

मैं किसी हाल में लिखना नहीं छोड़ता हूँ.

कलम की ताकत को कम मत आंकना.

इसकी ताकत जिस दिन जान जाओगे.

जितना भी बंदूक का जोर लगा लो.

हमें नहीं हरा पाओगे.

38. ज़िंदगी एक किताब है

हर नया दिन एक नई किताब है.

इसके हर पन्ने में दफन बहुत से राज़ हैं.

इसका हर एक पन्ना कुछ कहता है.

मगर हर कोई यह नहीं समझता है.

जैसे किसी किताब के हर नए पन्ने में,

कुछ नया पढ़ने को मिलता है.

वैसे ही हमारी ज़िंदगी के हर नए दिन,

हमें कुछ नया सीखने को मिलता है.

कुछ लोग किताबें पढ़ने के बाद उसे कोने में फेंक देते हैं.

ठीक वैसे ही जैसे ज़िंदगी के बहुत से दिन हम भुला देते हैं.

कुछ ऐसे भी लोग हैं जो किताबों को सहेज कर रखते हैं.

ऐसे लोग ज़िंदगी के हर दिन को यादगार रखते हैं.

किताब का हर पन्ना हमें कुछ बताता है.

कहानी की स्टोरीलाइन समझाता है.

हमारा हर दिन भी ठीक वैसे ही हमें कुछ नया दिखाता है.
हाँ, हर दिन कुछ नया हो ही जाता है.

39. क़िस्मत

ना हो सके क़ामयाब तुम तो,
क़िस्मत का रोना है.

ना कर सके ज़िंदगी में कुछ तो,
क़िस्मत का रोना है.

ना मिला कोई हमसफ़र तो,
क़िस्मत का रोना है.

छोड़ गया हमसफ़र तब भी,
क़िस्मत का रोना है.

क़िस्मत में जो लिखा है,
वो तो होना है.

पर क़िस्मत के भरोसे बैठ जाने से,
कौन सा काम होना है?

उठो बदल डालो क़िस्मत को ख़ुद से.
फिर ना कभी रोना होगा.

ऐ मेरे दोस्त उस दिन तुझे,
पीछे मुड़ कर ना देखना होगा.

40. यूट्यूब Vs टिकटॉक

ये सोशल मीडिया का दौर है.

हर कोई इसमें इंवॉल्व है.

कोई है यूट्यूब स्टार तो,

कोई टिकटॉक स्टार है.

तुम डालते हो लॉन्ग वीडियोज यूट्यूब पे.

वे शॉर्ट वीडियोज टिकटॉक पर डाल देते थे.

तुम बोलते हो अपनी आवाज़ में.

वे किसी और की आवाज़ में लिप्सिंक कर डालते थे.

क्यों मज़ाक उड़ाते हो तुम सब्जी वाले और ठेले वालों का,

जो टिकटॉक पे वीडियो बनाते थे?

अरे नहीं है उनके पास साउन्ड प्रूफ कमरा और पूरा सेटअप,

इसलिए तो वे टिकटॉक बनाते थे.

तुम हो एक फेमस यूट्यूबर.

इसलिए तुमने उनके टैलेंट का मज़ाक उड़ाया.

जल्दी पहुँच गए थे वे तुम्हारे लेवल तक इसलिए,
उनको रोस्ट करने वाला एक वीडियो बनाया.

तुम्हारी अक्ल में गालियाँ देना ही रोस्ट करना है.
तभी तो तुम अपनी वीडियोज में सिर्फ़ माँ-बहन की गालियाँ ही
देते हो.
अरे तमीज और अक्ल दोनों नहीं है तुम में,
और टिकटॉकर्स को तुम गधा कहते हो.

माना एक बन्दे ने गलती की थी.
इसका मतलब ये नहीं कि सारे टिकटॉकर्स बेकार हुए.
गालियों वाली वीडियो बनाकर तुम भी तो,
सोशल मीडिया में बदनाम हुए.

लगे होंगे तुम्हें बरसों यूट्यूब स्टार बनने में.
इसलिए तुमसे रहा नहीं गया.
वे बन गए थे टिकटॉक स्टार चंद महीनों में.
ये तुमसे देखा नहीं गया.

देख टिकटॉक बंद हुआ तो,
उस जैसे कितने एप्स आ गए.
वो सारे टिकटॉकर्स अब,
इंस्टाग्राम पे भी छा गए.

अब तो टिकटॉक वाला फीचर्स यूट्यूब पर भी आ गया.

अब क्या यूट्यूबर्स को भी रोस्ट करोगे?

ऐसा करते भी हो अगर तुम तो,

अपनी एनर्जी और अपना वक्त दोनों ही वेस्ट करोगे.

यूट्यूब हो या टिकटॉक,

दोनों की वैल्यू को समझना चाहिए.

ऐ मूर्ख तुझे भी,

बदलते ज़माने के साथ चलना चाहिए.

41. इंतज़ार

इंतज़ार की जब हद हो जाए,

तो आदमी टूट जाता है.

कभी-कभी अपनी ज़िंदगी से भी,

वो ऊब जाता है.

मिल जाए वक्त रहते,

जिसकी उसे आस थी तो ठीक,

वरना नाउम्मीद के सागर में,

वो डूब जाता है.

हर चीज़ की एक सीमा होती है.

एक सीमा तक ही कोई इंतजार करता है.

ना पहुँचो वक्त पर तुम तो,

अगला फोन बार-बार करता है.

ये इंतजार की घड़ियाँ भी ख़त्म हो जाएंगी.

थोड़ा तो सब्र कीजिए.

अपने गुस्से को काबू में कर,

ख़ुद को थोड़ा नम्र कीजिए.

42. पढ़ाई

मैंने कब कहा था पढ़ाई मत करना?
मैंने कब कहा था सबसे तुम लड़ाई करना?

जो किया तुमने ख़ुद किया.
मैंने नहीं कहा था.
तुम छोड़ दो पढ़ाई,
ये मैंने थोड़े ही कहा था.

होती हैं कुछ बच्चों की मजबूरियाँ,
इसलिए वे पढ़ाई छोड़ देते हैं.
अमीर घराने से होने के बाद भी तुम पढ़ाई छोड़ दो,
ये मैंने कब कहा था?

पढ़ने में नहीं लगता था तुम्हारा मन.
स्कूल से तुम मूवी देखने भाग जाते थे.
किताबों और स्कूल फीस के पैसे तुम,
दोस्तों के ऊपर उड़ा आते थे.

आज तुम्हें अफ़सोस है कि काश मैंने भी पढ़ाई की होती.
बेवजह स्कूल के लड़कों से ना लड़ाई की होती.

जो हो आज तुम, वैसा बनने को मैंने नहीं कहा था.
छोड़ कर पढ़ाई तुम आवारागर्दी करो, ये मैंने नहीं कहा था.

43. आवारा

बदतमीज हो गए हो तुम.

नहीं देते हो अब माता-पिता को सम्मान.
ना ही मानते हो उनकी बात.
करते हो सिर्फ अपनी ही मनमानी.
सोते हो दिन में और जगते हो सारी रात.

अब नहीं करते हो किसी बुजुर्ग की इज़्ज़त.
चौराहे पर देर रात खड़े रहते हो.
मोहल्ले की लड़कियाँ जब गुज़रती हैं वहाँ से,
उनके पीछे तुम पड़े रहते हो.

पढ़ाई-लिखाई तो तुम छोड़ चुके हो.
नहीं करते ठीक से कुछ काम भी.
इधर-उधर से पैसे जुटा कर,
हर रोज चढ़ाते हो जाम भी.

ऐसे लड़कों को ये समाज आवारा कहता है.

समाज पर नहीं तो अपने घरवालों पे तो रहम करो.

अपनी इज़्ज़त की तुम्हें फ़िक्र नहीं है पर,

घर वालों के लिए तो शर्म करो.

44. जीवन और संगीत

जीवन संगीत है.

एक मधुर गीत है.

दो साथ तुम इसका तो,

ये एक अच्छा मीत है.

जीवन अनमोल है.

शरीर और आत्मा के बीच एक गठजोड़ है.

ना बर्बाद करो इसे व्यर्थ के कामों में.

ये तो हमारा हमजोल है.

जैसे संगीत, वैसा ही जीवन.

संगीत कभी मधुर तो कभी कर्कश.

जीवन भी कभी सुखी,

तो कभी दुःखी.

जीवन में तो कष्ट और दुःख आते ही रहते हैं.

मगर जैसे हम हर तरह के संगीत का आनंद लेते हैं,

वैसे ही जीवन के भी हर क्षण का आनंद लेना चाहिए.

जीवन में आते ही रहते हैं बवंडर.

उन बवंडरों को चीर कर हमें अपने जीवन में,

आगे को बढ़ते रहना चाहिए.

45. दिल और दिमाग

दिल और दिमाग के बीच एक बैलेंस होना चाहिए.

इन दोनों के बीच एक कम्बीनेशन होना चाहिए.

ना कर बैठो कोई बहुत बड़ी गलती तुम,

इसलिए दोनों के बीच एक एग्रीमेंट होना चाहिए.

दिल बहुत बेवकूफ़ होता है.

आसानी से किसी की भी बातों में आ जाता है.

दिमाग बहुत चालाक होता है.

आसानी से किसी को भी अपनी बातों में फंसा लेता है.

मगर हर किसी का दिल भोला-भाला नहीं होता है.

ना ही हर किसी का दिमाग अल्बर्ट आइंस्टीन की तरह तेज़

होता है.

ये दोनों ही वक़्त-बेवक़्त काम आते हैं.

मगर कभी-कभी दोनों ही मात खा जाते हैं.

इंसान रूपी शैतान को पहचानना कोई बच्चों का खेल नहीं है.

दिल और दिमाग दोनों हिल जाते हैं.

कर लो अगर इन दोनों को कंट्रोल तुम तो,

कामयाबी और शोहरत दोनों मिल जाते हैं.

46. होश में आओ तुम

होश में आओ तुम.

किसी के झांसे में ना फंस जाओ तुम.

कब तक औरों की बात पर आपस में लड़ोगे?

कभी अपना भी दिमाग लगाओ तुम.

जिनके लिए तुम आपस में लड़ते हो.

क्या वे सच में तुम्हारे लिए लड़ते हैं?

जिनके लिए तुम मरते-मारते हो.

क्या वे कभी तुम्हारे लिए मरते हैं?

कभी किसी नेता को किसी,

गरीब के लिए लड़ते देखा है?

देखा भी होगा तो क्या कभी उन्हें,

किसी दंगे में मरते देखा है?

होश में आओ तुम क्योंकि,

जब भी होता है दंगा, आम आदमी मारा जाता है.

नफ़रत और खून-खराबे में हर बार,
तुम्हारे अंदर का इंसान मारा जाता है.

47. छोड़ दिया है मैंने

छोड़ दिया है मैंने उम्मीद करना.

लोग उम्मीदों को तोड़ देते हैं.

छोड़ दिया है मैंने भरोसा दूसरों पर करना.

लोग अक्सर भरोसे को तोड़ देते हैं.

अब नहीं लगता बुरा जब,

कोई उम्मीदों पे खरा नहीं उतरता.

अब नहीं टूटता दिल जब कोई,

भरोसे को है तोड़ देता.

आदत सी हो गयी है मुझे,

अब इसी तरह जीने की.

रोते दिल को समझाकर,

आँसू का घूंट पीने की.

48. मैं देश हूँ

मैं देश हूँ.

मैं नहीं चाहता मेरे देशवासी आपस में लड़े.
मैं नहीं चाहता कोई एक-दूसरे से लड़ कर मरे.

मैं नहीं चाहता दंगे में कोई अपनों को खोए.
मैं नहीं चाहता देश में कोई भूखा सोए.

मैं देश हूँ.

मैंने यहाँ अपने देशवासियों को लड़ते देखा है.
आपस में एक-दूसरे से लड़ कर मरते देखा है.

दुःख होता है जब तुम लोग बिजली, पानी, भोजन, चिकित्सा
और रोजगार के लिए तरसते हो.
दुःख होता है जब तुम लोग धर्म, जाति और भाषा के नाम पर
एक-दूसरे से लड़ते हो.

मैं देश हूँ.
भारत मेरा नाम है.
विभिन्नता में एकता ही,
मेरी आन, बान और शान है.

49. यूँ ही चलता रहा ये सिलसिला तो

यूँ ही चलता रहा ये सिलसिला तो,

देश बर्बाद हो जाएगा.

बढ़ती रही अगर इसी तरह महँगाई तो,

गरीबों का जीना मुश्किल हो जाएगा.

यूँ ही बढ़ती रही बेरोजगारी तो,

युवाओं का करिअर खराब हो जाएगा.

अपराध की दुनिया में घुस कर,

उनका जीवन बर्बाद हो जाएगा.

यूँ ही निजीकरण होता रहा तो,

अमीर और अमीर हो जाएगा.

यूँ ही नेता खाते रहे देश का पैसा तो,

गरीब और गरीब हो जाएगा.

यूँ ही लड़ती रही जनता तो,

देश बर्बाद हो जाएगा.

देश का पैसा खाकर कोई नेता,
बलवान हो जाएगा.

यूँ ही चलता रहा ये सिलसिला तो,
ये देश कैसे आबाद हो पाएगा?
नेताओ के स्वार्थ में फंस कर एक दिन ये देश,
बर्बाद हो जाएगा.

50. क्लाइमेट चेंज

बढ़ रही है गर्मी,

पिघल रहा है बर्फ़.

घुल रहा है ज़हर हवा में.

नहीं धो सकता इस हवा को कोई भी सर्फ.

बदल रहा है मौसम.

बदल रही है जलवायु.

बढ़ रही हैं बीमारियाँ.

घट रही है हमारी आयु.

कुछ लोगों को क्लाइमेट चेंज मज़ाक लगता है.

उन्हें क्लाइमेट पे कुछ भी सुनना बेकार लगता है.

ऐसे लोग क्लाइमेट आंदोलन को पागलपन कहते हैं.

हाँ, वे ग्रेटा थनबर्ग को भी पागल कहते हैं.

उन्हें विकास के नाम पर ज़मीन और हवा में ज़हर घोलना

अच्छा लगता है.

हाँ, उन्हें क्लाइमेट आंदोलनकारियों का दावा कच्चा लगता है.

क्लाइमेट चेंज का मसला अब तो,

मानों किसी दलदल में फंस गया.

ये मुद्दा अब तो विकसित और विकासशील देशों की,

जिद्द और मनमानी में फंस गया.

51. देश के जवान

जब जाते हो तुम सरहद पर,

तुम्हारे घरवाले तुम्हारी राह देखते हैं.

लौटोगे तुम विजयी हो कर,

ऐसी ही वे चाह रखते हैं.

लड़ सको तुम डटकर देश के दुश्मनों से,

ऐसी ही वे ख़ुदा से फ़रियाद करते हैं.

हर रोज़ खाने से पहले,

वे तुम्हें याद करते हैं.

तुम हो देश के वीर जवान.

देश के लिए तुम अपना परिवार छोड़ कर जाते हो.

रोता है पूरा देश जब,

तुम लौट कर वापस नहीं आते हो.

52. एक वही मलाल है

एक वही मलाल है दिल में.

शराब की हम लत ना लगाते.

दोस्तों के झांसे में फंस कर रोज,

शराब के ठेके में ना जाते.

एक वही मलाल है दिल में.

वक्त रहते हम सम्भल जाते.

शराब की लत छोड़ कर हम,

रोज वक्त पे घर आ पाते.

एक वही मलाल है दिल में.

काश जुए की लत में ना फंस जाते.

तनख्वाह मिलने पर सारे पैसे जुए और शराब में ना उड़ा कर,

पत्नी और बच्चों के लिए कुछ खरीद कर लाते.

शराब और जुए ने हमें ऐसा बर्बाद किया कि,

अब बच्चों से हम आँखें नहीं मिला पाते हैं.

पत्नी की ख्वाहिशों को छोड़िए,

अब तो बच्चों को कलम और किताबें भी नहीं दिला पाते हैं.

53. खामियाँ

जिस दिन हम दूसरों की खामियां निकालना बंद कर देंगे,
उस दिन हमें अपनी खामियां दिखाई पड़ने लगेंगी.

जिस दिन हमें अपनी खामियां दिखाई पड़ने लगेंगी,
उस दिन हम दूसरों की खामियां निकालना बंद कर देंगे.

अक्सर हमें दूसरों में ही खामियाँ नजर आती हैं.
हम ख़ुद के अंदर झाँकना भूल जाते हैं.

अक्सर हमें औरों के अंदर बुराईयां नजर आती हैं.
क्योंकि हम अपनी बुराईयां भूल जाते हैं.

जिस दिन हम अपनी खामियों पर नजर डालेंगे.
सच कहें अंदर तक हिल जाएंगे.

जिस दिन दिख जाएंगी हमें अपनी बुराईयां,
उस दिन हम खुद की नजर में गिर जाएंगे.

54. गांधीवाद

गांधीवाद सिर्फ़ गांधी की विचारधारा नहीं है.

ये तो शांति और अहिंसा का पाठ है.

चाहे जो कह लो गांधी जी को.

गांधीवाद किसी भी दो देशों के बीच एक मजबूत गांठ है.

कर लो जितनी भी गांधी की आलोचना.

उनका हर जगह नाम आता है.

जब भी होता है जंग दो देशों के बीच,

शांति-समझौते के वक्त गांधीवाद ही काम आता है.

कुछ लोग महात्मा गांधी पर,

देश के बंटवारे का इल्ज़ाम लगाते हैं.

नहीं समझते हैं ऐसे मूर्ख वर्ल्ड पॉलिटिक्स को.

तभी तो गांधी को वे देशद्रोही बताते हैं.

जितना भी कह लो गांधी के विरोध में,

जर्मनी और जापान भारत को कभी आज़ादी नहीं दिला पाते.

जर्मनी, इटली और जापान मिलकर भी,

इंग्लैंड, रूस और अमेरिका को नहीं हरा पाते.

देश का बंटवारा उस समय वक्त की मांग थी.

देश को आजाद कराना गांधी, नेहरू और नेताजी की मांग थी.

माननी पड़ी मजबूरी में हमें अंग्रेजों की बात.

वरना जल रहा होता गाजा की तरह हमारा देश भी आज.

55. एक ख़त अमीरों के नाम

एक ख़त अमीरों के नाम,

लिख रहा हूँ मैं.

कब तक चूसोगे खून गरीबों का?

ये पूछ कर चीख़ रहा हूँ मैं.

तुम अमीरों के पास क्या दिल नहीं होता?

एक तो गरीबों से जमकर काम कराते हो.

ऊपर से जब पैसे देने की बारी आती है तब,

पैसे नहीं हैं कह कर चिल्लाते हो.

तुम अमीरों को सिर्फ़ अपना दर्द दिखता है गरीबों का नहीं.

तभी तो एक गरीब को बीमारी में भी खटवाते हो.

और जब पैसे देने का वक्त आता है तब,

तुम विदेश भाग जाते हो.

इसलिए एक ख़त अमीरों के नाम,

लिख रहा हूँ मैं.

कब तक चूसोगे खून गरीबों का?
ये पूछ कर चीख़ रहा हूँ मैं.

56. कहना था मुझे

कहना था मुझे किसी अमीर से,

मारना मत तुम कभी किसी गरीब के पैसे.

किया अगर ऐसा तुमने तो,

आएंगे सिर्फ़ रोग और दुःख तुम्हारे हिस्से.

कहना था मुझे किसी गरीब से,

मत डालना तुम आदत रोज़ शराब का.

वरना उड़ा दोगे सारे पैसे उसी में,

मेहनत की सारी कमाई का.

कहना था मुझे अपने देशवासियों से,

नकल नहीं करना मूवी देख कर किसी भी अभिनेता का.

कहना था मुझे देश की जनता से,

भरोसा ना करना तुम आँखें बंद कर के किसी भी राजनेता का.

57. हमेशा नहीं रहने वाला

ये दौलत, ये शोहरत, हमेशा नहीं रहने वाला।

ये गाड़ी, ये बंगला, हमेशा नहीं रहने वाला।

ये जवानी, ये ताक़त, हमेशा नहीं रहने वाला।

ये घर, ये दुनिया, हमेशा नहीं रहने वाला।

जब कुछ भी हमेशा के लिए नहीं है,

तो फिर इतना लड़ना क्यों?

मरना तो है ही एक दिन फिर,

मौत से इतना डरना क्यों?

58. भूख

दुःख और तकलीफ़ इंसान को बेज़ान बना देती है.
भूख इंसान को हैवान बना देती है.

लगती है भूख तो शेर शिकार पर निकलता है.
मार कर किसी जानवर को वो, उसका मांस निगलता है.

ये भूख हम इंसान को भी हैवान बना देती है.
कभी-कभी ये किसी इंसान को शैतान बना देती है.

रोटी के लिए कोई चोरी करता है.
तो कोई हत्या भी करता है.
फ़र्क सिर्फ़ ये है कि कोई ये काम रोटी के लिए करता है,
तो कोई ऐसा पैसे के लिए करता है.

उन पैसों से वो भी रोटी खाता है.
पर क्या सच में वो उस रोटी को पचा पाता है?

भूख किसी की जान ना लें, ऐसा कुछ करना होगा.

भूख से कोई किसी की जान ना ले, ऐसा कुछ करना होगा.

59. सुपरपावर

दुनिया में कुछ हैं ऐसे भी देश.
ये ख़ुद को सुपर पावर कहते हैं.

भले ही हों ये सब यूएन के मेंबर्स,
विश्व मंच पर कभी किसी मुद्दे पर ये एक साथ नहीं चलते हैं.

छोटे-छोटे देशों पर ये धौंस जमाते हैं.
नाटो फोर्स बना कर ये कुछ देशों पर कब्ज़ा जमाते हैं.

खुद पालते हैं आतंकियों को वे अपने स्वार्थ के लिए.
फिर आतंकवाद ख़त्म करने के नाम पर हवाई हमला करवाते
हैं.

उनका तो सिर्फ़ हथियारों का धंधा है.
उनका देश तो अपनी ताक़त में अंधा है.

कर दे कोई देश इन्कार तो,
ये देश सैन्य कार्यवाई तक कर जाते हैं.

ना कर सके अगर किसी देश के ख़िलाफ सैन्य कार्रवाई तो,

ये उन पर आर्थिक प्रतिबंध लगाते हैं.

कर दिए इन्होंने बहुत से देश तबाह.

इनका तर्क तो सिर्फ़ एक जुमला था.

मेरी नज़र में तो हिरोशिमा और नागासाकी पर गिराया गया

एटम बम ही,

दुनिया का सबसे बड़ा आतंकी हमला था.

60. देखो गाजा जल रहा है

देखो गाजा जल रहा है.

जल रहे हैं लोग.

घरों पर गिर रहे हैं बम.

हाँ, वहाँ मर रहे हैं लोग.

किसी आतंकी ने वहाँ अपना अड्डा बनाया.

रॉकेट दाग कर उसने इजरायल को निशाना बनाया.

इजरायल ने भी की गाजा पर बमबारी.

आतंकी नहीं उस हमले में कोई नागरिक मारा गया.

वे तो हैं ही आतंकवादी.

उनका काम ही है आतंक के सहारे अपनी बात मनवाना.

पर तुम ज़रा सोचना-समझना.

आम नागरिकों पर हवाई हमला ना करवाना.

किसी एक बिल्डिंग से आतंकी हमलों को अंजाम दिया जा रहा

था.

इस शक पर तुमने पूरी बिल्डिंग को उड़ा डाला.

हमास को मारने के चक्कर में तुमने,

ना जाने कितने बेकसूर महिलाओं और बच्चों को मार डाला.

कल तुम्हें पता चलेगा कि किसी स्कूल में कुछ आतंकवादी छुपे हैं.

तो क्या तुम उन आतंकियों को मारने की जल्दी में उन बच्चों को भी मार डालोगे?

बिना सोचे समझे हवाई हमला कर के,

पूरा स्कूल उड़ा डालोगे?

बहुत हुआ खून-खराबा.

अब ये सब बंद भी करो.

मैं हमास का समर्थन नहीं कर रहा.

बस बेगुनाह फलस्तीनियों पर तो तरस करो.